AF389755

TOURS DE MAGIE

PAS A PAS
EXPLIQUÉS PAR

MICHEL VIALE

Petit historique de la magie :

À l'aube de l'humanité, chez nos lointains ancêtres préhistoriques, la magie était vraisemblablement déjà au service de l'homme pour tromper d'autres hommes, même si celle-ci ne servait qu'à des fins rituelles.

Le sorcier, duquel nous avons retrouvé des représentations picturales, utilisait déjà à cette époque une espèce de baguette dont la ressemblance avec l'accessoire que nous connaissons aujourd'hui n'est peut-être pas purement fortuite. Il semblerait cependant que celle-ci était essentiellement un symbole des pouvoirs attachés à son état.

Plus tard, toutes les civilisations eurent des magiciens, de Khéops à César, Zarathoustra à Nabuchodonosor, les nombreux appareils et inscriptions retrouvées attestent formellement de la connaissance de très nombreux trucages, aussi bien physiques que psychologiques. C'est ainsi que l'on a pu établir avec certitude que l'illusion d'optique, la ventriloquie et les phénomènes acoustiques étaient utilisés avec beaucoup d'efficacité dans l'antiquité.

Magie et religion étaient à cette époque étroitement confondues, même si les escamoteurs exerçaient déjà leur habileté à la cour des princes et des puissants dans le but de les divertir.

Ces derniers connurent leur heure de gloire et de désespoir (car l'inquisition ne les voyait pas toujours de bon œil) vers les 16e et 17e siècles. Qui n'a jamais entendu parler du fameux joueur de gobelets du pont-neuf ?

Contrairement à leurs prédécesseurs, ceux-ci n'usaient point de la magie dans un but religieux, mais plutôt un but mercantile. Leurs tours et trucs n'étaient en fait que prétexte pour vendre des élixirs et des articles divers.

À cette époque, les ménestrels présentaient régulièrement des diableries et jongleries dans le but de distraire gentes dames et nobles seigneurs.

Dès le début du 17e siècle existaient des ouvrages d'escamotage traitant de physique amusante, mais leur diffusion resta très limitée.

En 1695, Jacques Ozanam publie : « Récréations mathématiques et physiques » dont les éditions successives comportent des trucs que ne renierait pas un magicien moderne, comme « la corde coupée et raccommodée » et « Le couteau à travers le bras ».

Abandonnant progressivement toute référence à la sorcellerie, les escamoteurs se qualifièrent bientôt d'hommes de science, de physiciens.

Le 18e siècle marque ainsi le début des véritables spectacles de magie blanche, ou des artistes spécialisés utilisaient toutes les ressources de la mise en scène et de la physique moderne.

Puis vint celui que nous considérons tous comme le père de la magie actuelle, le rénovateur de la magie blanche. Horloger, fils d'horloger, Jean-Eugène Robert-Houdin possédait une habileté diabolique dans le domaine de la mécanique subtile. Les automates et les trucs divers qu'il nous a laissés constituent autant de prodiges à eux seuls.

Robert HOUDIN fut non seulement un inventeur génial, mais aussi un magicien émérite. Les spectacles qu'il présenta ne diffèrent pas fondamentalement de ce que nous voyons aujourd'hui.

De grands théâtres furent conçus où se spécialisèrent dans la production de spectacles magiques, tel le théâtre R. HOUDIN (fondé par le maître) l'Egyptian Hall et ST-Georges hall à Londres où se produisirent tous les magiciens importants de l'époque.

De grands spectacles théâtraux virent le jour aux USA. Le grand Houdini défraya la chronique en s'évadant des endroits les plus impossibles et en lançant de dangereux défis à la mort. Vint ensuite l'air des magiciens sans bagage que l'on appela « manipulateurs » et qui ne produisirent l'illusion qu'à force d'adresse et d'habileté.

L'avènement des variétés créa un nouveau genre de magiciens professionnels n'exécutant qu'un petit nombre de tours en les perfectionnant continuellement d'année en année.

Mais l'apparition de la télévision, réduisant peu à peu la civilisation occidentale à l'esclavage visuel, porta un coup mortel au monde du spectacle.

Le rêve est-il mort ? La fête terminée ? Certes non ! De nouvelles formes de spectacles apparaissent. Les magiciens se produisent en discothèque, hôtel, dîners dansants et banquets divers. Car dans cette société terrifiante, l'homme a un besoin vital de merveilleux. Et les hommes en noir et argent, grands semeurs de poussière d'étoiles, ont encore un bel avenir devant eux.

Quelques grands magiciens :

- ✓ Isaac FAWKES (décédé le 27 mai 1731) : il exerçait ses talents de magicien lors de grandes foires et manifestations publiques à Londres.
- ✓ Bartoloméo BOSCO (1793-1863) : présenta son spectacle extraordinaire devant tous les grands du monde occidental. Entre autres, BOSCO décapitait des pigeons et les ressuscitait.
- ✓ Jean-Eugène ROBERT-HOUDIN (1805-11871) : le père de la magie moderne. C'est lui qui défia les marabouts d'Afrique, leur demandant de tirer sur lui. Robert HOUDIN attrapait la balle au vol entre ses dents.
- ✓ Les frères DAVENPORT (vers 1865) devinrent célèbres par leur fameuse armoire spirite où se réalisaient toutes sortes de phénomènes.
- ✓ Joseph BUATIER de KOLTA, inventeur de génie dans le domaine magique. B. de KOLTA réalisa certaines expériences dont il emporta le secret dans sa tombe (7 octobre 1903)
- ✓ Harry KELLAR (1849-1922) devint le plus populaire des magiciens américains. Il inventa nombre d'accessoires magiques qui portaient son nom et sont toujours utilisés.
- ✓ David DEVANT se spécialisa dans les grands trucs et présenta son grand succès : la matérialisation d'une jeune femme.
- ✓ Harry HOUDINI (1874-1926) escapologiste, évadé permanent, HOUDINI était connu pour sa camisole de force, son pot au lait et ses dangereux exploits. En 1908, il plongea, enchaîné dans un trou pratiqué dans la glace de la rivière Weser, comme il l'avait déjà fait du reste,

quelques années auparavant, à Détroit. Il resta 2 minutes sous l'eau avant de refaire surface dans le trou.

- ✓ BENEVOL (1865-1939) : connu pour son sens de la magie en scène, il se prétendait être la réincarnation du bourreau de Paris et coupait allègrement les têtes dans son spectacle.
- ✓ CHUNG LING SOO (1861-1918) : né Américain, se produisant sous les traits d'un magicien chinois, présentait toujours des spectacles d'une qualité remarquable. Les plus petits trucs prenaient dans ses mains une dimension fantastique. Il mourut sur scène, le poumon perforé, lors de la présentation de son célèbre tour : le fusillé vivant.
- ✓ OKITO (1875-1963) : également faux magicien chinois, OKITO inventa grand nombre de trucs dont la boule et la boîte OKITO.

Et aussi : KALANAG, RICHARDI, JUNIOR, MIRELDO, FU MAN CHU, THURSTON, MYSTAG, DAÏ VERNON etc.

Les contemporains français :

✓ Gérard MAJAX : connu par ses émissions de télévision, qu'il n'est pas besoin de présenter tellement son nom est connu dans toute la France. Excellent manipulateur de close-up.

✓ Dominique WEEB : doué d'un sens monumental du spectacle et de la mise en scène, il est, avec MAJAX le dernier magicien français à déplacer les foules. Faux médium, mais vraie bête de scène il propose également un spectacle d'hypnose.

Et aussi : Pierre BRAHMA, Jean VALTON, James HODGES, Jean MERLIN, Gaëtan BLOOM, GARCIMORE, Dani LARY, Bernard BILIS, KAMEL, Eric ANTOINE et pardon pour tous ceux que je ne peux citer, sans oublier celui qui m'a introduit dans la profession et patronné, mon grand ami Alain MARSAT.

La magie se décompose en plusieurs genres :

Magie générale :

Tours et trucs avec appareils et mise en scène moyenne. Convient parfaitement aux débutants.

Manipulation :

Tous les effets sont produits grâce à la dextérité du magicien. Il y a très peu de matériel sur scène et l'artiste soignera tout particulièrement la pureté de ses gestes. Magie de haut niveau

Grandes illusions :

Les grands trucs avec mise en scène appropriée. Cette branche de l'illusionnisme met généralement plusieurs personnes en scène en leur conférant un rôle actif (exemple : la femme sciée en deux).

Magie comique :

Il n'est pas utile de donner de grandes explications. Retenons néanmoins que cette branche de la prestidigitation nécessite un talent d'acteur certain (exemple : le magicien qui rate ses tours).

Mentalisme :

Tous les effets psy truqués. La divination, la voyance, la transmission de pensée en sont les principaux composants.

Micro magie :

Comme son nom l'indique, il s'agit de magie avec de très petits objets destinés à être présentés à un public se tenant très près de l'opérateur (close-up).

Tout le monde peut devenir magicien.

Oui, la magie blanche n'est ni un don ni un pouvoir, mais bel et bien un ensemble de techniques permettant de créer des illusions et de tromper ses semblables dans le but de les distraire.

Si, dans l'histoire, de nombreux magiciens ont cru pouvoir abuser de leurs concitoyens en affirmant détenir des pouvoirs supranormaux, aujourd'hui les esprits ont quelque peu évolué et tout le monde sait que dans la magie « Y'A UN TRUC ! » pour reprendre le titre d'une célèbre émission de télévision.

Mais le truc ne fait pas le magicien, car ce qui est essentiel dans notre art, c'est la présentation, la façon dont le truc est habillé, si j'ose m'exprimer ainsi.

En effet, l'illusionnisme est un art complet qui nécessite des connaissances approfondies dans le domaine du mime, de la mise en scène, de la chorégraphie, et une bonne dose d'imagination et d'esprit créatif. De surcroît, il faut, pour arriver à un résultat acceptable, des centaines d'heures de travail et de répétition. Une des clés du succès en magie est d'approcher la perfection en créant des automatismes, ce qui permet au magicien de se consacrer totalement à son public.

Je vous rassure cependant : si ce que je viens de dire est une vérité première pour arriver à un niveau élevé en magie, n'importe qui, par contre, peut parvenir à divertir ses semblables dans un cadre familial, avec des expériences simples de prestidigitation comme celle que vous trouverez dans ce recueil. Nul besoin de travailler d'arrache-pied pour arriver à un résultat, vous serez les premiers surpris du succès que vous obtiendrez.

Il est bien entendu que le travail rémunéré sur une scène, devant un public anonyme, doit être réservé aux professionnels ou aux amateurs de haut niveau et, croyez-moi, cela demande beaucoup de travail. Des heures et des heures de répétition.

Il y a néanmoins quelques règles fondamentales à observer rigoureusement :

✓ Ne jamais dire ce que vous allez faire. En effet, l'un des procédés permettant de créer l'illusion est constitué par l'effet de surprise. De surcroît, vos gestes seront plus surveillés si vous dites à l'avance ce qui va suivre. Évitez donc d'annoncer au préalable l'effet de vos tours.

✓ Ne faire un tour en public que lorsque celui-ci est totalement maîtrisé, assimilé.

✓ Ne jamais révéler volontairement le secret d'un tour.

✓ Essayez de trouver une adaptation personnelle à vos effets. Ne vous contentez pas de recopier servilement ce que vous avez vu ou entendu. Le magicien est homme d'esprit, il se doit d'être créatif. Mettez en valeur votre physique, vos qualités de cœur, votre humour…

Il existe différents types de magie :

Les foulards, les fleurs, les balles, les animaux, les liquides (eau, lait), les pièces, les billets, les gobelets, les boîtes, les anneaux, sans oublier les « grandes illusions » comme la femme coupée en deux, le feu, les épées, fusil, cercueil, voiture, sabre… Dans cette catégorie, certains tours peuvent être dangereux. Si le fameux « truc » ne fonctionne pas, c'est l'accident et le dénouement est tragique. Ce fut le cas pour :

1918 : Chung LING SOO,

Un de ses assistants tirait sur lui avec un fusil modifié, une partie de la poudre à canon explosa dans la chambre du pistolet, tirant accidentellement la balle.

1930 : Charles ROWAN,

Une voiture fonce sur lui à 70 km/h. Il décède quelques instants après l'accident.

1930 : GENESTA,

Le magicien doit s'échapper d'un contenant très petit et rempli de liquide avant de risquer la noyade. Genesta a dû être transporté d'urgence à l'hôpital après que sa boîte eut refusé de s'ouvrir selon le trucage prévu. Il est mort des suites de cette malheureuse performance…

1936 : Georges LALONDE,

Il s'apprêtait à scier son assistante en deux, mais c'était sans compter le « courage » d'un spectateur, assis dans la première rangée, qui s'est brusquement lancé sur la scène, a empoigné une épée et a poignardé Lalonde dans le cou afin de sauver la demoiselle en détresse.

1990 : Joseph BURRUS,

Enfermé dans un cercueil de verre sous 3 pieds de terre et 6 000 kilos de béton, il a été écrasé sous la pression.

1996 : BALABREGA,

L'acétylène utilisé par le magicien s'est enflammé le réduisant en cendres avec son assistant dans la boule de feu résultante.

2007 : Princess TENKO,

Enfermée dans une boîte dans laquelle elle était tenue prisonnière, elle ne peut échapper aux lames de 10 sabres. Elle eut une joue et plusieurs côtes cassées.

La magie, dans ce cas, demeure une pratique dangereuse et elle doit toujours être effectuée avec un maximum de précaution.

15

Cher lecteur, avec les tours que je vous présente dans ce recueil, vous ne prenez aucun risque.

Alors, suivez bien mon conseil, amusez-vous bien et n'oubliez pas, c'est très important :

NE DÉVOILEZ LE SECRET DES TOURS À PERSONNE !

Et maintenant,
À vous de jouer
En place pour répéter ?

CARTES SUR TABLE

Description : retrouver, sans la connaître, une carte choisie par le participant.

Matériel : 21 cartes à jouer

Le tour pas à pas :

Disposez sur la table 3 paquets de 7 cartes.

Demandez à quelqu'un de choisir un paquet, puis une carte de ce paquet, sans la prendre. Pour ce faire, vous lui montrez les cartes en éventail. De votre côté, vous ne les voyez que de dos. Par conséquent, vous ne pouvez les reconnaître.

Réunissez les 3 paquets de cartes en mettant bien au milieu le paquet dans lequel se trouve la carte choisie. Une fois que vous n'avez qu'un seul paquet, refaites 3 paquets de 7 cartes. L'opération terminée, montrez-en éventail, les cartes de chaque paquet au participant qui vous dira dans quel paquet se trouve la carte qu'il avait. Renouvelez l'opération deux fois.

Ensuite, comptez mentalement 11 cartes de l'unique paquet que vous avez en main. La onzième sera la bonne. Posez-la sur la table.

Ceci procède d'une loi mathématique... à moins qu'elle ne soit magique ?

LA CARTE RETROUVÉE

Description : le magicien fait prendre une carte à l'un des spectateurs. Il l'invite à regarder et retenir cette carte puis la replace dans le jeu. Le jeu est coupé à plusieurs reprises par une personne du public puis et redonner au magicien. Celui-ci regarde toutes les cartes et annonce celle qui a été choisie.

Matériel : un jeu de cartes.

Le tour pas à pas :

Prenez un jeu de cartes en main, battez-le et, tandis que vous expliquez aux spectateurs que vous allez leur faire un tour, tâchez de voir adroitement quelle est la dernière carte qui se trouve sous le jeu (par exemple le dix de carreau)

Faites tirer une carte par l'un des spectateurs.

Posez votre jeu de cartes sur la table.

Demandez au spectateur de retenir sa carte puis de la mettre dans le paquet.

Faites couper les cartes.

Reprenez le jeu et regardez chacune des cartes (faces visibles). Dès que vous voyez votre carte (dans notre exemple le 10 de carreau), abracadabra, vous pouvez affirmer que la carte qui se trouve à droite est celle que le spectateur a tirée.

Petit conseil : le tour repose sur le fait que vous avez vu la dernière carte avant de faire prendre une carte au spectateur. Il faut donc le faire le plus discrètement possible, l'effet magique en dépend.

LES DOUBLURES

Description : faire réapparaître les deux premières cartes sur le dessus du paquet, après de les avoir fait disparaître dans le paquet.

Matériel : un jeu de cartes.

Préparation : Sortez du jeu 4 cartes de la même couleur (de préférence des cartes basses). Par exemple le 7 de carreau, 8 de cœur. Sur ces cartes, placez les deux autres cartes (huit de carreau, 7 de cœur).

Placez ces 4 cartes sur le dessus du jeu. Votre jeu est prêt.

Le tour, pas à pas :

Posez sur la table les deux premières cartes du jeu (7 de cœur et 8 de carreau) de telle sorte que le public les voie.

Proposez à quelqu'un de glisser les cartes n'importe où à l'intérieur du jeu.

Battez les cartes en laissant sur le dessus les deux premières cartes. (Tenir le paquet en bloquant les premières cartes). Posez le paquet sur la table, concentrez-vous et demandez aux deux cartes introduites dans le jeu par le participant de revenir sur le dessus du paquet.

Jetez les deux premières cartes du paquet sur la table. Apparaissent alors le 7 de carreau et le 8 de cœur, les doublures des 2 cartes.

Mais qui s'en apercevra ?
Personne !

RETOURNEMENT DE SITUATION

Description : une carte choisie est replacée au centre du jeu. Une passe magique et elle se retrouve face en l'air.

Matériel : un paquet de cartes.

Préparation : avant de commencer le tour, retournez une carte à l'envers et placez-la en dessous du jeu. Voilà, vous êtes prêts.

Le tour, pas à pas :

Faites choisir une carte à un spectateur, en veillant bien à ne pas montrer celle qui se trouve face inversée en dessous du jeu.

Une fois la carte choisie, demandez à une personne de regarder et de mémoriser la carte. Au moment où il regarde la carte, retournez discrètement le paquet. Vous inversez ainsi le sens de toutes les cartes qui se retrouvent face en l'air. Cela ne se verra pas grâce à la carte que vous avez préalablement inversée. Ce mouvement doit être fluide et discret.

Prenez alors la carte au spectateur et placez-la au milieu du paquet. Attention de ne pas dévoiler les autres cartes qui se trouvent face en l'air.

Maintenant, vous devez retourner la carte et la remettre dans le bon sens afin de pouvoir montrer toutes les cartes. C'est pour cela que vous devez cacher le paquet. Vous pouvez le placer sous la table ou derrière votre dos si personne ne regarde. Pour justifier cette action, vous expliquez que l'esprit de la magie ne se manifeste que loin des regards.

Il ne vous reste qu'à ressortir le paquet de dessous la table ou de derrière votre dos et à « l'éventailler » pour montrer que la carte choisie s'est retournée.LES 4 AS

Description : un jeu de cartes est divisé en quatre par un spectateur. Les 4 premières cartes sont retournées... Ce sont les 4 as !

Matériel : Un jeu de cartes complet.

Préparation : Il faut placer les quatre as sur le dessus du jeu.

Le tour, pas à pas :

Préparez d'abord le jeu en plaçant les 4 as sur le dessus.

Donnez-le à un spectateur et demandez-lui de faire 2 paquets en distribuant les cartes une à une, c'est-à-dire la deuxième carte à côté de la première, ensuite la troisième sur la première et la quatrième sur la deuxième et ainsi de suite. Le spectateur obtient de cette manière deux paquets dans lesquels les 4 as se retrouvent en dessous de chaque paquet.

Demandez à nouveau à votre spectateur de diviser en deux et de la même manière chacun des paquets obtenus. Il aura donc 4 paquets.

Demandez maintenant à votre spectateur de retourner les 4 premières cartes...

Il découvrira alors les 4 as !

LE PAQUET DE 7

Description : le magicien demande à un spectateur de choisir parmi deux paquets de cartes et prouve ensuite qu'il avait prévu le choix de celui-ci.

Matériel : un jeu de cartes, une enveloppe, une feuille de papier.

Préparation : Il faut préparer une enveloppe de prédiction dans laquelle se trouve le papier où il est inscrit « le paquet de 7 ».

Le tour, pas à pas :

Préparez d'abord votre enveloppe de prédiction en glissant à l'intérieur de celle-ci le papier sur lequel vous avez écrit « le paquet de 7 ».

Formez ensuite deux paquets de cartes, l'un avec les quatre 7 répartis dans le paquet et l'autre avec 7 cartes quelconques.

Vous pouvez maintenant demander à votre spectateur de choisir n'importe lequel des deux paquets.

Retournez le paquet qu'il désigne. Sortez votre prédiction de l'enveloppe.

Dans les deux cas, la prédiction est juste !

Soit c'est un paquet avec les sept cartes, soit un paquet avec les quatre 7.

LES INSÉPARABLES

Description : 4 rois sont placés dans le jeu à des endroits différents. Un geste magique et les voilà à nouveau réunis.

Matériel : Un jeu de cartes.

Préparation : Sélectionnez les quatre rois. Avant de les présenter au public, il faut placer trois cartes quelconques sur les 4 rois.

Le tour, pas à pas :

Présentez à vos spectateurs les 4 rois en main gauche sans qu'ils puissent apercevoir les trois cartes cachées.

Posez ensuite les 4 rois sur le jeu. En réalité, ce sont les trois cartes quelconques qui se retrouveront sur le dessus.

Prenez la première carte (qui en réalité n'est pas un roi) et annoncez au public que vous placez le premier roi au hasard dans le jeu. Prenez la 2e et la 3e carte (qui ne sont pas des rois non plus) et faites de même.

Prenez la quatrième carte (cette fois-ci c'est un roi) et placez la sous le jeu. Coupez le jeu en deux, reformez la coupe.

Il ne vous reste plus qu'à faire constater que les rois se retrouvent à nouveau ensemble au milieu du jeu!

LA CARTE PENSÉE

Description : une carte est choisie par un spectateur. Le spectateur pense très fort à sa carte, ce qui permet au magicien de lire mentalement. La carte choisie est nommée.

Matériel : jeux de cartes.

Principes et préparation : le tour consiste à forcer une carte sans que le spectateur ne puisse s'en rendre compte. La technique utilisée et le forçage en croix. Pour l'exemple, nous allons utiliser un as de cœur. Vous devez donc placer l'as de cœur sous le jeu.

Le tour pas à pas :

Le magicien demande à un spectateur de couper le jeu n'importe où et de ramener la coupe en croix sur le jeu.

Le magicien demande aux spectateurs de regarder la carte à l'endroit où il a coupé librement (cette carte est la carte forcée, l'as de cœur).

Le magicien demande alors au spectateur de penser très fort à la carte, le magicien se concentre et arrive à nommer la carte choisie par le spectateur.

Ce tour est essentiellement basé sur la partie comédie du tour, n'hésitez pas à vous mettre dans la peau d'un grand mentaliste est à faire croire à votre don inné.

UN NOMBRE DEVINÉ

Description : le magicien demande à un spectateur d'écrire un nombre quelconque de 0 à 100 puis sous ce nombre il en écrit un à son tour « au hasard ».

À nouveau, le magicien fait inscrire un deuxième nombre par le spectateur et en ajoute un à son tour.

Il recommence une troisième fois.

Le magicien demande aux spectateurs de faire l'addition, tandis que lui-même tourne le dos. Sans se retourner, il sort de sa poche une enveloppe à l'intérieur de laquelle une feuille de papier indique le résultat.

Matériel : un papier et un gros marqueur (il faut que tout le monde voie bien les chiffres). Dans la poche, une enveloppe et un papier sur lequel le nombre 297 est inscrit.

Le tour, pas à pas :

Chaque fois que le spectateur écrit un nombre, le magicien en écrit un autre qui fasse le complément à 99 (par exemple le spectateur écrit 65, le magicien écrit 34), si bien qu'au bout des 3 fois le total fait 3 x 99 = 297.

Petit conseil pour présenter ce tour : le magicien doit être bon en calcul mental et surtout rapide !

32
+ 67
= 99
74
+ 25
= 99
55
+ 44
= 99
Chiffres
complétés
par vos soins
Chiffres
donnés par le
spectateur

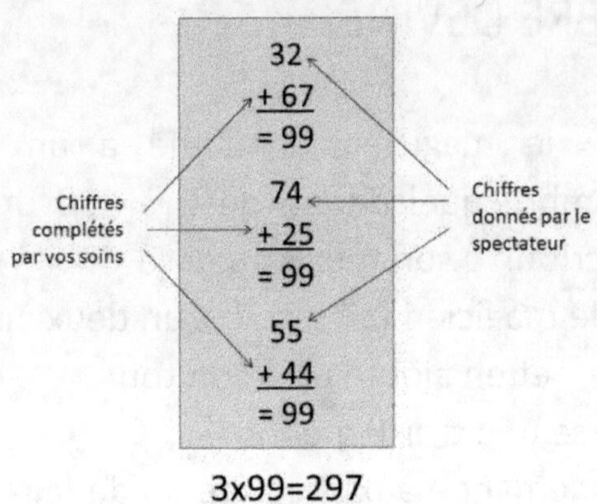

3x99=297

AFFINITÉS MYSTÉRIEUSES

Description : le magicien annonce qu'une pièce de 2 €
aime une allumette. Elle l'aime tellement que, perdue au
milieu d'un tas d'autres allumettes, elle la retrouve. En
effet, si l'on promène la pièce au-dessus des allumettes
dispersées sur la table, la pièce trouve la sienne et la
soulève en l'air.

Matériel : une trentaine d'allumettes, une pièce, une fine
aiguille, une pince coupante, un rond aimanté (punaise
magnétique se trouvant en papeterie, choisir le modèle le
plus plat), de la colle forte.

Le tour, pas à pas :

Le rond aimanté est collé au dos de la pièce. Bien
entendu, le magicien ne montre que l'autre côté de la
pièce. De même, l'allumette « aimée » de la pièce est
truquée. Coupez l'aiguille en deux avec la pince. Introduisez
la moitié pointue dans l'allumette en ne laissant dépasser
que très peu. Posez le tas d'allumettes à plat sur la table,
elles doivent être nettement séparées afin que l'allumette
truquée ne soit pas prise sous les autres.

Promenez la pièce sur les allumettes. Grâce à la punaise
aimantée, elle va attirer et retenir l'extrémité de l'aiguille
piquée dans l'allumette.

Soulevez la pièce, l'allumette est suspendue après !

Michel VIALE
organise des ateliers pédagogiques de magie
pour les enfants.
Contact : cirque.livres@gmail.com

www.weblim.fr/edition
163 rue de Solignac 87000 Limoges
Dépôt légal : 2 ° T 2019
ISBN : 978-2-919277-26-1
Crédit photo : pixabay.com